Supertrends im Countrystil

Maja Rabe

Plausch im Vogelhaus (Abb. Seite 1)

Material
Tonkarton: hellviolett, flieder, hellgrün, dunkelgrün, gelb
Stoffreste
flaches Holz-Vogelhaus, 30 cm
4 goldene Klangstäbe
gelber Biegeplüsch
gelbes Perlgarn
lila Marabufedern
Bindedraht
3 Marienkäfer (Holzstreuteile), 1 cm
Buntstifte: rosa, gelb, hellgrün, dunkelgrün
Gelstifte: schwarz, weiß

Alle Teile in der benötigten Anzahl zuschneiden. Die Kopffedern und die Flügel einseitig mit Stoff bekleben. Die Augen und Bäckchen der Vögel aufmalen. Den Schnabel des helleren Vogels mit einem gelben Buntstift kolorieren. Den Flügel vorne und die Kopffedern sowie die Marabufedern hinten am Körper fixieren. Beim zweiten Vogel die Kopffedern und den rechten Flügel hinten, den Schnabel und den zweiten Flügel vorne am Körper befestigen. Die Biegeplüschbeine nach der Skizze biegen und an den markierten Stellen am Körper positionieren. Dafür beim fliederfarbenen Vogel einen kleinen Einschnitt vornehmen und den Biegeplüsch vorsichtig in den Schlitz schieben.

Beim lilafarbenen Vogel unten ein kleines Rechteck ausschneiden und den Biegeplüsch in diese Öffnung setzen. Das Perlgarn zum Aufhängen an die Klangstäbe knoten. Das Klangspiel mittig mit Heißkleber unter dem Deko-Vogelhaus befestigen. Die Blätter mit Blattadern bemalen, zum Runden über ein Lineal ziehen und formen. Für die Spiralen einige Stücke Biegedraht um einen Schaschlikspieß wickeln. Die Blätter auf dem Vogelhausdach anbringen und die Bindedrahtspiralen dazwischen arrangieren. Mit Marienkäfern vervollständigen.

*Jetzt können die Singvögel
vor dem Vogelhaus Platz nehmen.*

Impressum:

© 2002 Bücherzauber Verlag, 41540 Dormagen

ISBN: 3-934757-99-5   Best.-Nr.: 57995

Fotos: Peter Wirtz, Dormagen
Grafik/Zeichnungen: Daria Broda
Lithos/Layout/Satz: Marion Haustein, Dormagen
Druck: Neusser Druckerei und Verlag GmbH

Das Gesamtwerk sowie die darin abgebildeten Motive sind urheberrechtlich geschützt.
Jede gewerbliche Nutzung oder Vervielfältigung der abgebildeten Entwürfe – auch
auszugsweise – ist nur mit schriftlicher Genehmigung des Herausgebers gestattet.
Das Gleiche gilt auch für die Verbreitung, Vervielfältigung oder sonstige Verarbeitung
mit elektronischen Systemen.

Alle Materialangaben und Arbeitsweisen für die abgebildeten Motive wurden sorgfältig geprüft.
Eine Garantie oder gar Haftung für eventuell auftretende Schäden können seitens der Autorin
oder des Verlages nicht übernommen werden.

Auflage: 8. 7. 6. 5. 4. 3. 2. 1.   Rechte Zahl ist maßgebend.
Jahr: 2005 2004 2003 2002

Vorwort

Kommen Sie mit in die schöne Bastelwelt des Country-Stils. Tonkarton erscheint hier im frischen Gewand. Stoffe, Perlen und Draht laden zum Experimentieren ein und geben dem guten alten Tonkarton ein neues Gesicht. Stoffpuppen und Tiere im amerikanischen Stil laden zum Kuscheln ein. Originelle Tiere aus Holz sind schnell und einfach hergestellt. Da es sich um Bastelarbeiten handelt, die sich an Vorbildern aus Amerika orientieren, dürfen Window-Color-Motive nicht fehlen.

Ich möchte Sie nun einladen mit mir diese „Neue Welt" zu entdecken.

Viel Spaß beim Basteln und gutes Gelingen wünscht

Maja Rabe

Maja Rabe

Material & Anleitung

Window Color

Material

Konturenfarbe

Window Color

Wattestäbchen

Nadel

Farben
Es gibt im Handel mehrere Firmen, die Window Color anbieten. Sie unterscheiden sich oft nur in Farbnuancen und viele Farben können miteinander kombiniert werden. Falls Farben gemischt werden, sollte man besser auf Farben eines Herstellers zurückgreifen, um eventuellen Problemen vorzubeugen.

Was Sie sonst noch brauchen
Malunterlagen und Prospekthüllen (aus Polyäthylen oder PE), Malspitzen in verschiedenen Stärken für die Konturen, Nadel, Zahnstocher und Wattestäbchen.

Anleitung

Konturen aufmalen

Das ausgewählte Motiv vom Vorlagenbogen unter die Malunterlage legen. Die Konturenlinien mit der Konturenfarbe unter gleichmäßigem Druck nachziehen. Nachdem die Kontur getrocknet ist, kann mit dem Ausmalen begonnen werden. Die Trockenzeit variiert zwischen 2 und 24 Stunden, je nach Hersteller.

Ausmalen

Die Farben werden direkt aus der Flasche auf das Motiv gemalt. Zwischen Farbe und Kontur dürfen keine Lücken entstehen, da das Motiv sonst beim Ablösen vom Maluntergrund beschädigt werden könnte. Tragen Sie die Farbe mit kreisenden Bewegungen auf. Kleine Luftblasen gleich mit einer Nadel oder einem Zahnstocher aufstechen. Zum Vermischen der Farbe eignet sich ebenfalls ein Zahnstocher. Je nach Hersteller benötigt die Farbe ca. 4 - 8 Stunden zum Trocknen. Nach dem Trocknen wird das Motiv von der Malunterlage gezogen und an das Fenster oder eine andere glatte Oberfläche geklebt.

Tipp:
Wenn das Motiv auf einer selbsthaftenden Fensterfolie (Adhäsionsfolie) gemalt und anschließend ausgeschnitten wird, kann man es beliebig oft ablösen und umdekorieren, ohne dass es beschädigt wird. Verwenden Sie keine PVC-Hüllen als Maluntergrund, denn das fertige Motiv lässt sich davon nicht ablösen.

Papier

Material

Draht · **Bleistift** · **Holzstreuteile** · **Heißklebepistole** · **Tonkarton** · **Cutter** · **Bastelschere**

Nadel & Garn · **Holzperlen** · **Filzstifte/Buntstifte** · **Allzweckkleber & Klebestift**

Außerdem:

Stoff, Knöpfe, Juteband, Bast, Pompons, Federn, Klangstäbe, Schaschlikspieße, Haselnusszweige, Wackelaugen, Krepp-Papier, Transparent- oder Butterbrotpapier

Anleitung

Step 1
Alle Teile des Motivs ohne Überschneidungen mit Transparent- oder Butterbrotpapier vom Vorlagenbogen abpausen, auf einen dünnen Karton kleben und ausschneiden.

Step 2
Die fertigen Schablonen auf den Tonkarton legen und die Umrisse mit einem Bleistift umfahren. Bei Wellpappe die Kontur auf die glatte Seite übertragen, dabei die Vorlage spiegelverkehrt auflegen.

Step 3
Die Teile des Motivs, die mit Stoff beklebt werden sollen, nur grob ausschneiden. Um das aufgezeichnete Motiv bleibt ein Rand von ca. 1 cm stehen. Alle anderen Teile sorgfältig ausschneiden. Bleistiftreste ausradieren und Schnittkanten mit dem Griff einer Schere glätten.

Step 4
Die mit dem Stoff zu beklebenden Motivteile bereitlegen und den Stoff auswählen. Das Motivteil gleichmäßig mit einem Klebestift einstreichen und auf die linke Seite des Stoffs kleben. Den Stoff auf dem Karton noch einmal glatt streichen und das Teil zum Trocknen unter ein Buch oder die Schneideunterlage legen. Nach dem Trocknen das Motiv entlang der Bleistiftlinie ausschneiden. Soll das Motivteil beidseitig beklebt werden, das Teil nach dem Ausschneiden auf der Tonkartonseite wieder mit Klebstoff einstreichen und ein zweites Mal mit Stoff bekleben. Die überstehenden Stoffreste knappkantig abschneiden.

Step 5
Das Motiv zusammenfügen. Der Vorlagenbogen und die Abbildung sind beim Positionieren der Teile eine gute Hilfe.

Step 6
Einige Motive werden zusätzlich mit Perlengirlanden geschmückt. Hierfür die Holzperlen auf den Bindedraht von der Rolle (nicht abschneiden) fädeln und um einen Stift wickeln. Bei einigen Motiven werden auch Pompons oder vorbereitete Motivteile aufgefädelt.

Tipps:

- Patchworkstoffe eigenen sich für die Motive besonders gut.
- Blüten, Blätter und Holzstreuteile lassen sich mit einer Heißklebepistole leicht und einfach auf den Motiven oder Draht befestigen.

Holz

Material

Laubsäge

Schmirgelpapier

Pinsel

wasserlösliche Bastelfarben (matt)

Bastelschere

Grasfaser

Bleistift

Draht

Außerdem:

Holzleim, Holzräder, Gelstifte, Kohlepapier, Sprühlack, Transparentpapier, Holz, Feilen, Bohrmaschine

Material

Für die Motive in diesem Buch wurde Kiefernleimholz in 18 mm und Pappelsperrholz in 4 mm Stärke verarbeitet. Zum Sägen wurde eine Dekupiersäge verwendet. Allerdings kann das Leimholz auch mit einer Stichsäge und das Pappelsperrholz mit einer einfachen Laubsäge geschnitten werden.

Anleitung

Step 1
Die Vorlage einschließlich aller Konturen und Markierungen mit Transparentpapier vom Vorlagenbogen abpausen. Das Transparentpapier auf das Holz legen, Kohlepapier darunter und beides mit Klebestreifen auf dem Holz fixieren. Nun die Konturen mit einem Stift durchpausen. Wenn alles übertragen ist, das Motiv aussägen.

Step 2
Nach dem Aussägen die Schnittkanten mit Holzfeilen glätten und Ecken ausarbeiten, die mit der Säge vielleicht schwer zu meistern waren. Dann mit Schmirgelpapier in 60er oder 80er Körnung weiterarbeiten bis alle Kanten geglättet sind.

Step 3
Für die Motive dieses Buches wurde aus wasserlöslichen Bastelfarben jeweils eine Lasur hergestellt, damit man die Holzmaserung noch sehen kann. Dazu die Bastelfarben im Verhältnis 1 Teil Farbe und 3 - 4 Teile Wasser mischen. Probieren Sie die Lasur vor dem Anmalen auf einem Rest des Holzes aus. Wenn Ihnen die Farbe zusagt, wird die Grundfarbe aufgetragen. Bevor die Konturen mit einem Gelstift aufgemalt werden, muss die Farbe trocknen. Wer möchte, kann die Motive natürlich auch mit unverdünnter Farbe bemalen. Auch eine Kombination von verdünnter und unverdünnter Farbe hat ihre Reize.

Step 4
Nach dem Auftragen der Konturen kann mit einem trockenen Pinsel zusätzlich noch unverdünnte Farbe aufgetupft werden. Dazu die Pinselspitze in Farbe tauchen und in Küchenkrepp abstreichen bis fast keine Farbe mehr im Pinsel ist. Nun mit dem Pinsel die Farbe auf das Motiv stupfen. So lassen sich weiche Effekte erzielen.

Step 5
Die Motive mit Holzleim zusammenfügen.

Tipp:

Damit das Motiv später abgewischt werden kann und etwas wetterfester wird, sollte es mit einem matten Sprühlack versiegelt werden.

Stoffpuppen und Tiere

Material

Stoffmalstifte

Nadel & Faden

Außerdem:
Wolle und 1 Streifen Karton
Knöpfe
Stoff

Perlen

Satinbänder

Anleitung

Puppenhaare
Für die Haare können Wollreste verwendet werden. Im Handel ist Wolle erhältlich, die besonders gut für Puppenhaar geeignet ist.

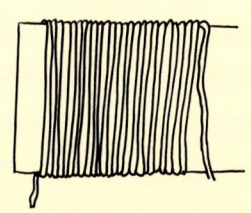

Step 1
Die Wolle für die Haare um einen festen Karton, ein Brotbrettchen oder eine Schachtel wickeln. Die Länge der Haare ergibt sich aus dem Umfang des ausgewählten Gegenstands. Die Menge der Haare bestimmen Sie selbst, denn sie hängt davon ab wie oft um den Gegenstand herum gewickelt wird.

Step 2
Wenn genug Wolle aufgewickelt ist, mit einer Stopfnadel und einem Stück der gleichen Wolle einmal mittig über die aufgewickelten Fäden nähen. Anschließend auf der gegenüberliegenden Seite die Wolle aufschneiden und fertig sind die Puppenhaare.

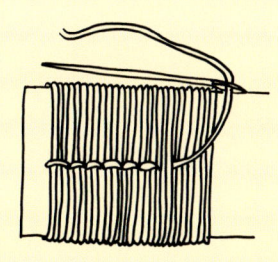

Step 3
Die Haare nun mittig auf den Puppenkopf legen und mit einem Wollfaden aufnähen. Jetzt die Frisur nach Belieben gestalten. Zöpfe können nach dem Flechten noch mit einigen Stichen seitlich am Kopf fixiert werden.

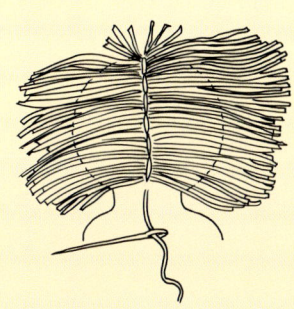

Beine anbringen

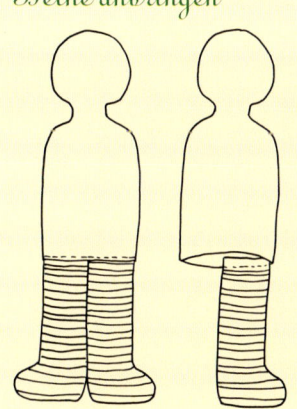

Die Beine in den Körper nähen.

Wichtiger Hinweis:
Für alle Körper- und Kleiderzuschnitte gilt eine Nahtzugabe von 0,5 cm!

Jenny & Schweinchen Pete

Puppe Jenny

Material Puppe
Stoff, weißer Baumwollstoff für Körper und Arme (30 cm), gestreifter Baumwollstoff für die Beine (25 cm), Bastelwatte, Wolle für die Haare, feine Stoffmalstifte: schwarz, rosa, rot; weißer Gel- oder Lackmalstift, Nähnadel, Stopfnadel, Garn in passender Farbe

Material Kleid und Hose
50 cm Patchworkstoff für das Kleid, je 30 cm Patchworkstoff für Schürze und Hose, gelbes Satinband (3 mm und 5 mm breit), blauer Knopf (Ø 2,5 cm), 4 blaue Holzperlen (Ø 12 mm), Gummilitze, Nähnadel, Garn in passender Farbe

Alle Teile der **Puppe** zuschneiden, rechts auf rechts legen und zusammennähen. Den Kopf fest stopfen und die Stopföffnung schließen. Nun den Körper füllen und unten offen lassen. Arme und Beine bis zur Markierung mit Bastelwatte füllen und steppen. Arme und Beine fertig stopfen. Die Beine unten in den offenen Körper stecken, die Naht schließen und die Beine dabei mit einnähen (siehe S. 7). Bei den Armen die Nahtzugabe nach innen schlagen, zunähen und einkräuseln.

Nun die Arme beidseitig am Körper annähen. Den Kopf vorne am Hals festnähen. Die Haare wie auf Seite 7 beschrieben anfertigen und am Kopf befestigen. Abschließend mit den Stoffmalstiften ein freundliches Gesicht aufmalen. Setzen Sie mit dem weißen Lackmalstift feine Lichtreflexe in die Augen.

Für das **Kleid** säumen Sie die Schürze bis auf die obere Seite rund um. Die Nahtzugabe der oberen Seite umbügeln und die Schürze ca. 1 cm nach unten versetzt (wie auf dem Vorlagenbogen eingezeichnet) links auf rechts auf das Kleid legen. Die Ärmel säumen und zuerst am Vorderteil rechts auf rechts annähen. Dabei die Schürze mit in die Naht fassen. Das Rückenteil des Kleides an die andere Seite der Ärmel nähen und anschließend die Seitennähte schließen. Das Kleid säumen. Zuletzt um die obere Kante des Kleides einen Tunnel nähen. Dabei die Schürze mit festnähen. Schneiden Sie einen ca. 6 mm langen Schlitz in die vordere Mitte des Tunnels. An dieser Stelle das 5 mm breite Satinband einziehen. Beide Satinbandenden durch den Knopf führen und die Perlen anknoten. Das Band zu einer hübschen Schleife legen. An den Ärmeln ca. 2 cm vom Rand entfernt mit einer Stopfnadel das 3 mm breite Satinband durchziehen. Beide Enden durch eine Perle fädeln und ebenfalls zu einer Schleife legen.

Bei der **Hose** beim Aufzeichnen auf den Stoff die Schrittnaht mit berücksichtigen. Die Hosenteile unten umsäumen, rechts auf rechts legen und die Seitennähte schließen. Um die Markierung in der Mitte herum steppen und mittig aufschneiden. Am Bund einen Tunnel nähen und eine Gummilitze einziehen.

Schweinchen Pete

Material Schweinchen
rosafarbener Baumwollstoff für den Körper (50 cm), Bastelwatte, feine Stoffmalstifte: schwarz, rosa, rot; weißer Gel- oder Lackmalstift

Material Hemd und Hose
Stoff, Patchworkstoff für die Hose (25 cm), Patchworkstoff für das Hemdchen (15 cm), Perlgarn, Stopfnadel, Knopf

Alle Teile zuschneiden, rechts auf rechts legen und bis auf die markierten Öffnungen zusammennähen. Die Ohren wenden, bügeln und mit dunklerem Garn rundherum absteppen. Dann die Ohren von außen in den bereits gewendeten Körper in die dafür vorgesehenen Öffnungen stecken und feststeppen. Den Körper mit Bastelwatte füllen und unten offen lassen. Die Arme und Beine ebenfalls füllen. An den Armen die Nahtzugabe nach innen schlagen, die Öffnung zunähen und einkräuseln. Die Beine in die Öffnung des Körpers stecken und mit in die Naht einnähen. Die Arme beidseitig am Körper festnähen. Mit den Stoffmalstiften das Gesicht aufmalen. Feine Lichtreflexe mit dem weißen Gelstift in die Augen tupfen.

Das **Hemd** zweimal im Bruch zuschneiden. Beide Teile rechts auf rechts legen und die Schulternähte bis auf die Halsöffnung schließen. Die Halsöffnung knappkantig nach innen umlegen und absteppen. Die Ärmel umsäumen. Die Seitennähte und die Ärmel abnähen. Das Hemd säumen. Den Halsausschnitt mit Perlgarn umstechen. Beide Fadenenden durch den Knopf fädeln.

Das **Hose**nteil zweimal, davon einmal gegengleich, zuschneiden. Beide Teile am Halsausschnitt umsäumen. Die Hosenteile rechts auf rechts legen und die Träger zusammennähen. Nun die Armausschnitte versäubern. Die untere Hosenkante umsäumen und die Seitennähte nähen. Um die Markierung der Schrittnaht steppen und zwischen den Nähten aufschneiden.

Frohe Ostern

Fenster-Osterhase

Material
Window Color: hellblau, dunkelblau, grün, braun, rot, gelb, orange, lila; schwarze Konturenfarbe, Malunterlage, Zahnstocher, dünne Malspitze

Das Motiv mit der schwarzen Konturenfarbe aufmalen. Für die Augen, die Nase und den Mund ebenfalls Konturenfarbe verwenden. Nach dem Trocknen der Kontur das Bild mit den Farben ausfüllen. Die Farbverläufe in den Schmetterlingsflügeln werden erreicht, indem man die Farben mit einem Zahnstocher ineinander zieht.

Holzhase

Material
Kiefernleimholz für den Hasen (Stärke 18 mm, 50 x 30 cm)
Bastelfarbe: rot, braun, grün, rosa;
Borstenpinsel, Bindedraht,
grüne Grasfaser,
Gelstift: schwarz, rot;
weißer Lackmalstift,
Holzleim, Bohrer (Ø 1mm)

Alle Konturen und Markierungen laut Anleitung von Seite 6 auf das Leimholz übertragen. Den Hasen aussägen und die Kanten mit einer Holzfeile und Schmirgelpapier glätten. Im Gesicht an den markierten Stellen ca. 5 mm tiefe Löcher für die Barthaare bohren. Den Boden, 9 x 26 cm, und das Herz zuschneiden. Den Hasen mit brauner, das Herz mit roter und den Boden mit grüner Lasur anmalen. Alle Teile gut trocknen lassen. Das Gesicht und die Konturen der Arme aufmalen. Das Herz mit dem Ostergruß beschriften. Nun noch wie auf Seite 6 in Step 4 beschrieben mit dem Pinsel Farbe auftragen. Den Bindedraht für die Barthaare über einen dünnen Stift wickeln, etwas verbiegen und mit Kleber in die Löcher geben. Den Hasen und das Herz mit Holzleim auf den Boden kleben und trocknen lassen. Abschließend dem Hasen eine Schleife aus Grasfaser umbinden.

Vogelkette

Material
brauner Tonkarton, Stoffreste, 6 Wackelaugen (Ø 7 mm), je 10-12 naturfarbene Holzperlen (Ø 4 mm und Ø 8 mm), 6 Knöpfe (Ø 1 cm), Bindedraht, Haselnussholz, gelbes Juteband, Naturbast, Paketkordel, Lochzange

Die Vogelkörper werden je einmal, Flügel und Seitenteile je zweimal benötigt. Die Seitenteile einseitig, davon einmal gegengleich, mit dem Stoff wie auf Seite 5 beschrieben bekleben. Nach dem Trocknen aller beklebten Teile die Augen, die Flügel und die Knöpfe beidseitig am Körper fixieren. Die Haselnusszweige und eine aus Bast gelegte Schleife mit Bindedraht zusammenbinden. Aus dem Juteband ebenfalls eine Schleife binden. Auf den Bindedraht von der Rolle (nicht abschneiden) in wechselnder Größe die Holzperlen fädeln. Den Draht mit den Perlen um einen Stift wickeln. Ein Stück vom aufgewickelten Draht abschneiden. Die Schleife und den Draht mit etwas Bindedraht an den Haselnusszweigen befestigen. Mit einer Lochzange Löcher zum Aufhängen in die Vogelkörper stanzen und die Vögel mit dem restlichen Draht untereinander an die Zweige hängen. Zum Aufhängen ein Stück Paketkordel von hinten an die Zweige kleben.

Stockvögel

Material
Tonkarton: orange, rot, blau, grün; Stoffreste, 8 Knöpfe (Ø 1 cm), 8 Wackelaugen (Ø 7 mm), je 1 Holzperle in Rot, Natur, Grün, Weiß (Ø 10 mm); je 5-6 Holzperlen in Rot, Natur, Grün, Weiß (Ø 8 mm), Blumendraht (Ø 0,8 mm), Bindedraht, Bast, Grasfaser, Holzstäbe, gerade Haselnusszweige oder Bambus, flüssiger Klebstoff

Alle Motivteile wie bei der Vogelkette vorbereiten. Beim Zusammenfügen je ein Stück Blumendraht zwischen den Vogelkörpern und einem Seitenteil fixieren. Gut geeignet ist dafür eine Heißklebepistole. Die Augen, die Flügel und die Knöpfe beidseitig aufkleben. Auf den Bindedraht die kleinen Perlen fädeln, um einen Stift wickeln und abschneiden. Etwas Grasfaser oder Bast bereitlegen. Auf den Stützdraht eine große farblich passende Perle stecken. Den aufgewickelten Draht und die Grasfaser bzw. den Bast zusammenfassen und den Blumendraht einmal fest herumwickeln. Nun den Blumendraht fest um den ausgewählten Stock binden.

Verrückte Hühner

Rasendes Huhn

Material
Tonkarton: weiß und rot; schwarzer Fineliner, Buntstifte: gelb, rosa; Stoffreste, 6 Knöpfe, 2 Haselnusszweige (je ca. 20 cm lang), rote Holzperle (Ø 15 mm), Paketkordel

Alle Teile in der benötigten Anzahl zuschneiden und nach der Grundanleitung von Seite 5 mit Stoff bekleben. Die Flügel, die Räder und die Schwanzfedern beidseitig mit Stoff bekleben. Nach dem Trocknen den Kamm und die Schwanzfedern zwischen den Körperteilen platzieren. Beidseitig einen Kehlsack und die Flügel auf den Körper kleben. Malen Sie mit dem schwarzen Fineliner die Augen und die Schnabelöffnung auf und vervollständigen das Gesicht, indem Sie den Schnabel gelb anmalen sowie rote Wangen andeuten. Die Flügel und die Räder mit Knöpfen schmücken. Die Haselnusszweige beidseitig am Körper befestigen. Nun werden die Räder auf den Zweigen fixiert. Die große Holzperle an die Kordel knoten und zuletzt am Huhn befestigen.

Hühnerkette

Material
Tonkarton: weiß, orange, rot, hellblau; naturfarbene 3-D Wellpappe, Stoffreste, je 1 ovale Holzperle: orange, blau, rot; je 4 Holzperlen (Ø 8 mm) oder Holzlinsen (Ø 10 mm): orange, blau, rot; 6 Knöpfe (Ø 1 cm), Holzhuhn (Holzstreuteil), naturfarbenes Juteband, Naturbast, grüne Grasfaser, gelbes Perlgarn, Sticknadel, Paketkordel, Buntstifte: gelb, rosa; schwarzer Gelstift

Die Körper nach der Grundanleitung von Seite 5 beidseitig mit dem Stoff bekleben. Die Kopfteile mit Gesichtern bemalen und die Musterung am Hals nicht vergessen. Nun alle Kehlsäcke aufkleben. Fertige Köpfe beidseitig auf den Körper kleben und den Kamm dazwischen fixieren. Die Schwanzfedern auf eine Seite des Körpers kleben. Auf die Flügel die Knöpfe und auf die Räder aus Wellpappe die Holzperlen oder Holzlinsen kleben. Abschließend Flügel und Räder beidseitig befestigen. Aus Juteband und Bast je eine Schleife binden. Juteschleife, Bastschleife und etwas Grasfaser mit einem Stück Perlgarn zusammenbinden und das Holzhuhn aufkleben. Mit Perlgarn die Hühner und die Holzperlen untereinander an die Schleife hängen. Aus der Paketkordel einen Aufhänger von hinten an der Schleife fixieren.

Wendepüppchen

Material Puppe
Stoff
je 15 cm Baumwollstoff weiß oder hellbraun für den Körper
Bastelwatte
Nadel und Faden
Wollreste
Stoffmalstifte: rot, rosa, schwarz
weißer Lackmalstift

Den Puppenkörper zweimal, die Arme achtmal, davon viermal gegengleich, zuschneiden. Rechts auf rechts legen und bis auf die markierten Öffnungen zusammennähen. Die Arme bis zur Markierung füllen und absteppen. Arme fertig stopfen und die Nahtzugabe zuheften. Zuletzt die Finger absteppen. Die Arme in die Öffnungen des vorher gewendeten Körpers nähen. Den Körper fest stopfen und die Stopföffnung schließen. Soll die Puppe zweifarbig gearbeitet werden, wird der Schnitt in der Körpermitte geteilt und zweifarbig zugeschnitten. Die beiden Körperhälften zusammennähen und dann wie bei der einfarbigen Puppe weiterarbeiten. Beide Köpfe erhalten wie in der Grundanleitung von Seite 5 beschrieben Haare. Mit den Stiften die Gesichter aufmalen und mit dem weißen Lackmalstift Lichtreflexe in die Augen setzen.

Kleid

Material
2 x 25 cm Patchworkstoff in verschiedenen Farben
1 m Baumwollspitze
Satinband
je 4 kleine Knöpfe
Perlgarn
Stopfnadel

Es werden zwei Kleider gearbeitet, die später zu einem Wendekleid verbunden werden. Je Kleid wird einmal das Oberteil im doppelten Bruch und ein Streifen von 21 x 56 cm zugeschnitten. Die Oberteile an der Markierung für den Hals aufschneiden und hinten mittig teilen. Die so entstandenen Halsausschnitte und die Rückenöffnungen bezickeln und die Ärmel umsäumen. Dann die Ärmel- und Seitennähte schließen.

Rockteile rechts auf rechts legen und die Spitze nach innen dazwischenlegen und festnähen. Die hintere Mittelnaht bis auf je 5 cm vom oberen Rand schließen. Das Rockteil wenden und überbügeln. Die obere Rockkante auf den Umfang der Oberteile einkräuseln. Die beiden Oberteile jeweils rechts auf rechts an die eingekräuselte Kante des Rocks heften und mit einer Naht zusammennähen. Um die Halsausschnitte je ein Stück Spitze nähen. Hinten an die Oberteile je drei kleine Druckknöpfe nähen, dabei die Bruchkanten nach innen umlegen. Um die Ärmel, ca. 1 cm vom Rand entfernt, mit einer Stopfnadel Perlgarn durchziehen. Die Perlgarnenden durch den Knopf stechen. Nachdem die Puppe das Kleid angezogen hat, die Fadenenden zusammenziehen und verknoten.

Katzen-Engel

Material
Tonkarton: blau, gelb
blau gemusterte Stoffreste
1 Kleiderbügel
blaues Krepp-Papier
naturfarbene Holzperlen, Ø 4 mm
Holzperlen und Holzlinsen, Ø 10 mm und 12 mm
Bindedraht
Deko-Herzen aus Stoff: gold und rot
Rosenblüten
Grasgirlande
12 Knöpfe
Perlgarn
Lochzange
Gelstifte: weiß, rot, schwarz

Alle Teile in der erforderlichen Menge zuschneiden. Die Körper und Köpfe der Katzen beidseitig mit Stoff bekleben. Die Anleitung dafür finden Sie auf Seite 5. Für die Schnurrbarthaare Bindedraht um einen Schaschlikspieß wickeln. Je drei Drähte durch eine der kleinen Holzperlen stecken und mit Klebstoff darin fixieren. Die Gesichter und die Ohren auf die Köpfe malen und die Nasen mit den Schnurrbarthaaren aufkleben. Die fertigen Köpfe auf den Körpern befestigen und beidseitig die Flügel ankleben. Abschließend die Knöpfe auf den Flügeln und einige Deko-Herzen auf den Körpern fixieren. Einen ca. 2 cm breiten Krepp-Papier-Streifen zurechtschneiden und den Bügel damit umwickeln. Beide Enden mit Klebstoff fixieren. Die Grasgirlande spiralförmig um den Bügel winden und mit Deko-Rosen und -Herzen schmücken. Zwei Engel auf dem Bügel positionieren. Die übrigen Engel mit Perlgarn und den Perlen unter den Bügel hängen.

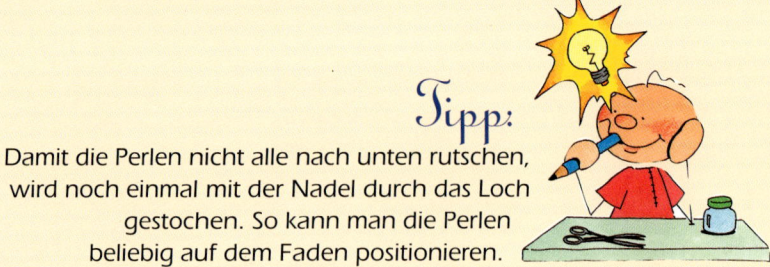

Tipp:
Damit die Perlen nicht alle nach unten rutschen, wird noch einmal mit der Nadel durch das Loch gestochen. So kann man die Perlen beliebig auf dem Faden positionieren.

Katzenträume

Fensterkatzen

Material
Window Color: gelb, orange, rot, lila, hellblau, dunkelblau, hellgrün, dunkelgrün, braun, kristallklar; schwarze Konturenfarbe, Malunterlage, dünne Malspitze, Zahnstocher oder Nadel

Unter gleichmäßigem Druck die Konturen, die Gesichter und die Fischflossen mit der Konturenfarbe nachziehen. Die dunkelblauen Punkte und die braunen Streifen in das Fell der Katzen malen. Nach dem Trocknen der Konturenfarbe und der Fellverzierungen das restliche Bild mit den Farben ausfüllen. Für einen schönen Farbverlauf in den Fischen die Farben mit einem Zahnstocher ineinander ziehen. Die Zwischenräume des Bildes mit Kristallklar füllen.

Katzenkranz

Material
Tonkarton: rot, regenbogenfarben; Stoff, 1 Blumenbindering (Ø 25 cm), 10 blaue Holzperlen (Ø 10 mm), 8 Knöpfe, blaues Krepp-Papier, Bindedraht, Perlgarn, 2 Haselnusszweige, Grasfaser, Lochzange, Fineliner: schwarz, rosa

Die Katzen beidseitig arbeiten. Dafür acht Beine und vier Schwänze zuschneiden. Diese einseitig mit Stoff bekleben. Die genaue Anleitung zum Arbeiten mit Stoff finden Sie auf Seite 5. Die Katzengesichter aufmalen und beide Katzen an einen Haselnusszweig kleben. Den Blumenbindering mit zwei 2 cm breiten Krepp-Papier-Streifen umwickeln. Den Zweig mit Heißkleber am Ring fixieren. Auf der Rückseite den zweiten Zweig befestigen und beidseitig etwas Grasfaser auf die Zweige geben. Auf beiden Seiten die Beine mit den Knöpfen auf die Körper kleben. Die Fische ausschneiden, bemalen und drei Fische beiseite legen. Die anderen Fische von beiden Seiten an den Ring kleben. Drei Perlengirlanden mit einmal vier und zweimal drei Holzperlen herstellen (Anleitung auf Seite 5). Die Fische an die Girlanden kleben. Mit einer Lochzange in den untersten Fisch ein Loch stanzen und die Girlande mit den vier Perlen daran befestigen. Die beiden anderen Girlanden direkt an den Ring hängen und das Ganze mit Perlgarn aufhängen.

Holzkätzchen Kitty

Material
Kiefernleimholz, Stärke 18 mm, 40 x 50 cm
4 Holzräder, Ø 6 cm
Bastelfarbe: weiß, rosa, rot, blau, gelbocker, dunkelbraun
schwarzer Gelstift
Bindedraht
4 Holzschrauben
Bohrer, Ø 1 mm
Borstenpinsel
Holzleim

Alle Teile werden jeweils einmal ausgesägt. Die Kanten mit Holzfeilen und Schmirgelpapier bearbeiten, bis sie vollkommen geglättet und aus den Kanten Rundungen entstanden sind. Für den Körper aus der Farbe Gelbocker eine Lasur herstellen und alle Teile der Katze damit einstreichen. Den Boden und die Räder mit blauer Lasur bemalen. Nach dem Trocknen des Grundanstriches die Punkte mit unverdünnter Farbe aufmalen. Die Nase mit der rosa Farbe malen und mit einem trockenen Pinsel die Wangenröte aufstupfen. Die Farbe trocknen lassen und anschließend die Augen, die Konturen und die Lichtpunkte auftragen.

Für die Schnurrbarthaare ca. 5 mm tiefe Löcher bohren. Den Bindedraht um einen Schaschlikspieß wickeln, auf Länge schneiden und mit Kleber in den gebohrten Löchern fixieren. Die einzelnen Teile der Katze mit Holzleim zusammenfügen. An den Boden die Räder, je 6 cm von der Ecke entfernt, mit den Holzschrauben befestigen. Nicht ganz festgeschraubt, lassen sich die Räder noch bewegen.

Damit ist Stubentiger Kitty fertig.

Verliebte Bärchen

Material
Tonkarton: weiß, rot, braun
Stoffreste
Rebenzaun
20 rote Holzperlen, Ø 8 mm
Bindedraht
Efeugirlande
roter Bast
Seidenblumen
Holzstreuteile: Herzen
Klebstoff
Buntstifte: rot, rosa
schwarzer Gelstift

Die beiden Bärchen aus braunem, Kleid und Hose aus weißem Tonkarton schneiden. Die Kleidungsstücke aus Karton mit dem Stoff bekleben. Fünf der roten Kartonherzchen ebenfalls mit Stoff beziehen, siehe Anleitung auf Seite 5. Herzen und Bärenarme über ein Lineal ziehen und in Form bringen. Nun die Gesichter der Bärchen aufmalen. Schließlich das Kleid, die Hose und die Arme aufkleben. Dem Bärenkavalier eines der Herzchen zwischen die Tatzen geben. Eine Perlengirlande wie auf Seite 5 beschrieben herstellen. Den Rebenzaun mit der Efeugirlande und der Perlengirlande umwickeln, mit Seidenblumen sowie mit Herzen aus Tonkarton und Holz schmücken. Die beiden Bärchen unter dem Torbogen positionieren. Noch einmal ein langes Stück Bindedraht um einen Stift wickeln und mit Bast unter dem Rebenzaun befestigen. Diesen mit den restlichen Herzen verzieren. Zum Befestigen der Bären und aller anderen Teile hat sich eine Heißklebepistole als sehr hilfreich erwiesen.

Fensterbild

Material
Window Color: gelb, rosa, rot, grün, braun, kristallklar;
schwarze Konturenfarbe
Maluntergrund
dünne Malspitze

Die Konturen mit gleichmäßigem Druck auftragen. Die Gesichter ebenfalls mit der Konturenfarbe aufmalen. Die roten Punkte in das Kleid setzen. Nach dem Trocknen der Konturenfarbe und der Punkte die Flächen farbig gestalten.

Willkommen, Bärli!

Material
Kiefernleimholz, Stärke 18 mm, 30 x 40 cm
Pappelsperrholz, Stärke 4 mm
Holzräder, Ø 5 cm
Bastelfarbe: weiß, rosa, rot, grün, braun
schwarzer Gelstift
Bindedraht
Bohrer, Ø 1mm
4 Holzschrauben
Holzleim

Alle Teile sorgfältig aussägen und mit dem Schmirgelpapier und den Holzfeilen bearbeiten bis alle Kanten glatt sind. Den Bären und die Holzräder mit brauner, Schild und Boden mit grüner und das Herz mit roter Lasur bemalen. Nach dem Trocknen die Konturen, die Augen, die Nase und den Mund mit dem Gelstift aufzeichnen. Mit unverdünnter Farbe den Mund und die Herzen ausmalen sowie die Lichtpunkte setzen. Mit einem trockenen Pinsel zusätzlich Farbe auf die Konturen und um den Rand von Herz und Schild stupfen. Bei der Wangenröte ebenso verfahren. An den markierten Stellen je ein Loch durch den Bären und das Herz bohren. Etwas Bindedraht um einen Stift wickeln, das Herz auffädeln und den Draht zu Ende wickeln.

Dem Bären das Herz durch die Löcher um den Hals hängen. An den Boden im Abstand von 4 cm zum Rand die Räder schrauben. Mit Holzleim das Schild an die Bärentatzen und den Bär auf den Boden kleben.

Netter kann ein Willkommensgruß kaum sein.

Erdbeer-Elfe

Material
Tonkarton: weiß, gelb, orange, rot, haut, hellgrün, dunkelgrün
Stoff
Bindedraht
Lochzange
Buntstifte: rosa, gelb
Fineliner: schwarz, rot, gold

Die einzelnen Teile aus Tonkarton ausschneiden. Den Elfenbogen zweimal zuschneiden und zusammenkleben. Den Rock der Elfe einseitig mit Stoff bekleben, wie auf Seite 5 beschrieben. Die Blüten bemalen und in der Handfläche formen. Dazu mit einem Stift in die Mitte der Blüte drücken. Die großen, grünen Blätter über ein Lineal ziehen und so in Form bringen. Die Erdbeeren bemalen und die Stiele darauf kleben. Die Blüten, Blätter und Erdbeeren auf dem Bogen arrangieren. Das Elfengesicht aufmalen und auf dem Oberteil vom Kleid fixieren.

Nun den Halsausschnitt aufzeichnen. Das große Haarteil, die Hände und den Rock hinter das Oberteil kleben. Das kleinere Haarteil und zwei Blüten vorne positionieren. Mit einem Goldstift Locken auf die Haare malen. Die Beine und die Flügel zuletzt hinten am Körper befestigen. Mit der Lochzange Löcher in die Flügel und den Bogen stanzen. Zwei Stücke Bindedraht um einen Stift wickeln und die Elfe damit unter den Bogen hängen.

Jetzt kann der Frühling Einzug halten.

Gänse, Gänse...

Fensterbild Gänsetrio

Material
Window Color: weiß, gelb
schwarze Konturenfarbe

Die Konturen, die Augen und die Schnabellöcher mit der schwarzen Konturenfarbe auftragen und trocknen lassen. Die Gänsekörper weiß und die Füße gelb ausmalen.

Fridolin, die Holzgans

Material
Kieferleimholz (Stärke 18 mm)
wasserlösliche Bastelfarbe: weiß, gelb
Holzleim, schwarzer Gelstift

Den Gänsekörper und die Schwanzfedern je einmal und die Füße je zweimal aussägen. Die einzelnen Teile mit Holzfeilen und Schmirgelpapier bearbeiten bis alle Kanten geglättet und Unebenheiten ausgeglichen sind. Aus der weißen und der gelben Bastelfarbe jeweils eine Lasur herstellen. Den Gänsekörper und die Schwanzfedern mit der weißen Lasur bemalen sowie die Füße gelb lasieren. Alles trocknen lassen und den Schnabel mit der gelben Lasur aufmalen. Mit einem trockenen Pinsel gelbe Farbe an den vorderen Rand des Schnabels und der Füße stupfen, siehe auch Anleitung auf Seite 6. Nach dem Trocknen mit dem Gelstift die Konturen und das Gesicht aufmalen. Mit dem Holzleim hinten in der unteren Mitte die Schwanzfedern und vorne beidseitig die Füße ankleben.

Bärchen Bob & Hase Hope

Material Körper
hellbrauner Baumwollstoff für den Körper, je Tier 50 cm
Bastelwatte
feine Stoffmalstifte: schwarz, rosa, rot
weißer Gel- oder Lackmalstift

Übertragen Sie alle Hasen- bzw. Bärenteile vom Vorlagenbogen auf den Stoff. Die einzelnen Teile einschließlich der Nahtzugaben zuschneiden, rechts auf rechts legen, und bis auf die markierten Öffnungen zusammennähen. Alle Teile wenden. Die Ohren bügeln und mit dunklerem Garn rundherum absteppen. Die Ohren von außen in die dafür vorgesehenen Öffnungen stecken und feststeppen. Den Körper mit Bastelwatte füllen und unten offen lassen. Arme und Beine ebenfalls füllen. An den Armen die Nahtzugabe nach innen schlagen, die Öffnung zunähen und einkräuseln. Nun die Arme beidseitig am Körper festnähen. Schließlich die Beine in die Öffnung des Körpers stecken und beim Schließen des Körpers mit einnähen. Malen Sie dem Hasen bzw. dem Bären mit den Stoffmalstiften liebe Gesichter auf. Die Zähne des Hasen und die Lichtpünktchen in den Augen mit dem weißen Lackmalstift hervorheben. Die einzelnen Zehen an den Pfoten mit dem schwarzen Stoffmalstift andeuten. Eine aufgenähte Schleife aus dem Stoff des Kleides schmückt den Kopf des Hasen.

Hemd und Hose für Bob

Material
Patchworkstoff für die Hose (25 cm),
Patchworkstoff für das Hemdchen (15 cm),
Perlgarn, Stopfnadel, Knopf

Das **Hemd** zweimal im Bruch zuschneiden. Beide Teile rechts auf rechts legen und die Schulternähte bis auf die Halsöffnung schließen. Die Halsöffnung knappkantig nach innen umlegen und absteppen. Die Ärmel umsäumen. Die Seitennähte und die Ärmel abnähen. Als nächstes das Hemd säumen. Den Halsausschnitt mit einer Nadel und dem Perlgarn umstechen. Beide Fadenenden durch den Knopf fädeln und das Hemd ist fertig.

Das **Hose**nteil zweimal, davon einmal gegengleich, zuschneiden. Beide Teile am Halsausschnitt umsäumen. Die Hosenteile rechts auf rechts legen und die Träger zusammennähen. Nun die Armausschnitte versäubern. Die untere Hosenkante umsäumen und die Seitennähte nähen. Um die Markierung der Schrittnaht steppen und zwischen den Nähten aufschneiden.

Kleid und Hose für Hope

Material
Stoff, Patchworkstoff für das Kleid (50 cm),
Patchworkstoff für Schürze und Hose (je 30 cm),
gelbes Satinband (3 mm und 5 mm breit),
roter Knopf (Ø 2,5 cm), 4 rote Holzperlen (Ø 12 mm),
Gummilitze, Nähnadel, Garn in passender Farbe

Für das **Kleid** säumen Sie die Schürze bis auf die obere Seite rund um. Die Nahtzugabe der oberen Seite umbügeln und die Schürze ca. 1 cm nach unten versetzt (wie auf dem Vorlagenbogen eingezeichnet) links auf rechts auf das Kleid legen. Die Ärmel säumen und zuerst am Vorderteil rechts auf rechts annähen. Dabei die Schürze mit in die Naht fassen. Das Rückenteil des Kleides an die andere Seite der Ärmel nähen und anschließend die Seitennähte schließen. Als nächstes das Kleid säumen. Zuletzt um die obere Kante des Kleides einen Tunnel nähen. Dabei die Schürze mit festnähen. Schneiden Sie einen ca. 6 mm langen Schlitz in die vordere Mitte des Tunnels. An dieser Stelle das 5 mm breite Satinband einziehen. Beide Satinbandenden durch den Knopf führen und die Perlen anknoten. Das Band zu einer hübschen Schleife legen. An den Ärmeln ca. 2 cm vom Rand entfernt mit einer Stopfnadel das 3 mm breite Satinband durchziehen. Beide Enden durch eine Perle fädeln und ebenfalls zu einer Schleife legen.

Bei der **Hose** beim Aufzeichnen auf den Stoff die Schrittnaht berücksichtigen. Die Hosenteile unten umsäumen, dann rechts auf rechts legen und die Seitennähte schließen. Um die Markierung in der Mitte herum steppen und mittig aufschneiden. Am Bund einen Tunnel nähen und eine Gummilitze einziehen.

Elfenträume

Sonnenblumen-Elfe

Material
Tonkarton: haut, gelb, orange, rot, hellgrün, dunkelgrün, braun
Stoff
Bindedraht
Klebstoff
Fineliner: rosa, rot, schwarz, gold

Alle Teile vom Vorlagenbogen auf Tonkarton übertragen und ausschneiden. Den Elfenbogen zweimal zuschneiden und zusammenkleben. Das Elfenkleid laut der Anleitung von Seite 5 mit dem Stoff bekleben. Die zweiteiligen Blüten zusammensetzen und formen. Die Blätter ausschneiden und zum Formen über ein Lineal ziehen. Den Elfenkopf mit einem hübschen Gesicht bemalen und hinter dem Kleid fixieren. Dahinter nun das Blusenteil, die Haare und die Flügel kleben. Das kleine Haarteil über der Stirn befestigen und mit dem Goldstift Wellen in die Haare malen. Die fertige Elfe auf den Bogen kleben und die Blätter und die Blüten davor arrangieren. Zum Aufhängen dreimal Draht um einen Stift wickeln. Einige Blüten und Blätter an den gewickelten Draht kleben und der Sommergast fürs Zimmer ist fertig.

Fenster-Elfe

Material
Window Color: weiß, haut, gelb, orange, rot, hellgrün, dunkelgrün, blau, lila, goldglitter, kristallklar;
schwarze Konturenfarbe,
Maluntergrund, dünne Malspitze,
Zahnstocher

Alle Konturen und das Gesicht mit der Konturenfarbe unter gleichmäßigem Druck nachziehen. Die Farbe trocknen lassen und mit dem Ausmalen fortfahren. Damit die Elfe und die Blüten verbunden sind, alle Zwischenräume mit Kristallklar ausfüllen.

Puppe Molly

Material Puppe
weißer Baumwollstoff für den Körper, 30 cm
karierter Baumwollstoff für die Beine, 30 cm
Bastelwatte
Wollrest
Stoffmalstifte: rosa, rot, schwarz
weißer Lackmalstift

Material Kleid, Bluse und Hose
Patchworkstoff für die Bluse, 40 cm
Patchworkstoff für Kleid und Hose, ca. 1 m
2 Knöpfe, 2 Druckknöpfe
Satinband
Gummiband
Näh- und Stopfnadel
Nähgarn in passender Farbe

Alle Teile wie auf dem Vorlagenbogen angegeben in der benötigten Anzahl zuschneiden, rechts auf rechts legen und bis auf die Stopföffnungen zusammennähen. Die Arme mit der Bastelwatte füllen. Die Nahtzugabe nach innen umlegen, zunähen und einkräuseln. Nun die Beine ebenfalls füllen. Die Nahtzugabe stehen lassen und mit einigen Heftstichen ein Hervorquellen der Bastelwatte verhindern. Den Körper fest stopfen und beim Zunähen des Körpers die Nahtzugabe der Beine an der vorgegebenen Stelle mit in die Naht fassen. Nun die Arme beidseitig am Körper annähen. Schließlich den Kopf vorne am Hals festnähen. Das Gesicht bemalen und mit dem weißen Lackmalstift kleine Lichtreflexe in die Augen tupfen. Die Haare laut Anleitung von Seite 7 anfertigen und am Kopf befestigen.

Die **Bluse** zweimal im Stoffbruch zuschneiden. Die beiden Teile rechts auf rechts legen und die Schulternähte bis auf den Halsausschnitt schließen. Den Halsausschnitt knappkantig nach innen umlegen und absteppen. Am Ärmelsaum die Nahtzugabe umlegen und einen Tunnel nähen. Die Ärmel- und Seitennähte schließen und den Saum der Bluse umnähen. Um den Halsausschnitt mit der Stopfnadel das Satinband ziehen. Das Gummiband durch die Tunnel an den Ärmeln ziehen und die Gummienden zusammennähen.

Das Oberteil des **Kleides** zweimal im Bruch zuschneiden. Beide Teile rechts auf rechts legen und von A nach B und wieder zu A zusammennähen. Das Oberteil wenden und bügeln. Die untere Kante ohne die Nahtzugabe nach innen umzulegen heften. Für den Rock einen Streifen von 25 x 90 cm zuschneiden und eine lange Seite säumen. Die hintere Rocknaht schließen und den Rock auf den Umfang des Oberteils einkräuseln. Dabei beachten, dass das Oberteil in der vorderen Mitte ca. 1,5 cm weit übereinandergelegt werden muss. Nun den Rock an das Oberteil steppen. Zum Schließen oben auf den Trägern die Druckknöpfe und die Knöpfe darüber annähen. Die Knöpfe sind nur Zierde.

Die **Hose** zweimal im Stoffbruch zuschneiden. Die Hosenbeine umsäumen und die vordere und hintere Mittelnaht nähen. Die Beinnähte schließen und am Bund einen Tunnel nähen. Abschließend durch den Tunnel das Gummiband ziehen.

Jetzt kann Molly angezogen werden und ist eine fröhliche Spielkameradin.

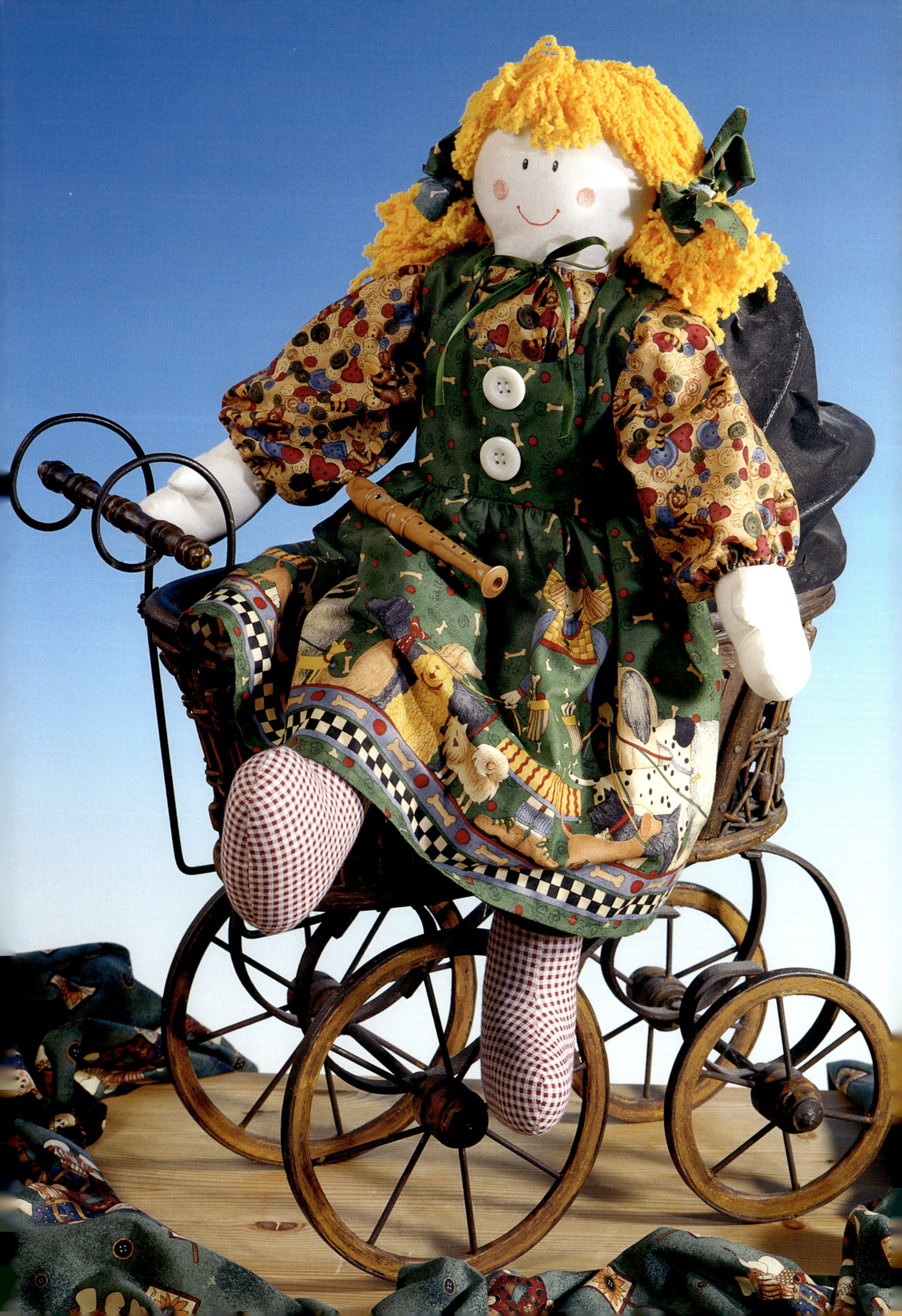

Halloween-Zauber

Halloween am Fenster

Material
Window Color: perlmutt, gelb, orange, rot, hellgrün,
dunkelgrün, blau, braun, schwarz, kristallklar
schwarze Konturenfarbe
Malunterlage
dünne Malspitze
Zahnstocher oder Nadel

Die Konturen des Motivs und die Ranke mit der Konturenfarbe unter gleichmäßigem Druck nachziehen. Nach dem Trocknen der Kontur das Bild mit den Farben ausmalen. Die Farben mit Hilfe eines Zahnstochers für einen schönen Farbverlauf ineinanderziehen. Die Lücken mit Kristallklar füllen und das Motiv damit einmal ummalen.

Kranz

Material
Tonkarton: weiß, gelb
Stoff
1 Spinnennetz, Ø 21 cm
Bast: rot, schwarz
Federn: orange, schwarz
Holzstreuteile „Halloween"
Halloweengeister
Haselnusszweige
Bindedraht
Perlgarn
Fineliner: rot, blau, schwarz
rosa Buntstift

Bekleben Sie den Tonkarton für den Kürbis und den Strunk wie auf Seite 5 beschrieben mit dem Stoff. Die Augen und den Mund aus gelbem Tonkarton auf dem Kürbis platzieren und den Strunk aufkleben. Eine Fledermaus auf dem Kürbis fixieren. Einige Haselnusszweige mit rotem und schwarzem Bast bündeln sowie mit einem Stück Bindedraht zusammenbinden. Den Geist aus Tonkarton fertigen und ihm ein fröhliches Gesicht aufmalen. Etwas Bindedraht über einen Stift wickeln, drei Holzgeister daran kleben und dem Geist in die Hände geben. Den Geist und den Kürbis hinter den Zweigen befestigen und das Spinnennetz darunter hängen. Das Motiv mit Holzstreuteilen, Geistern und Federn dekorieren. Das Ganze mit einem Stück Perlgarn aufhängen.

Nun kann die Halloweenparty beginnen.

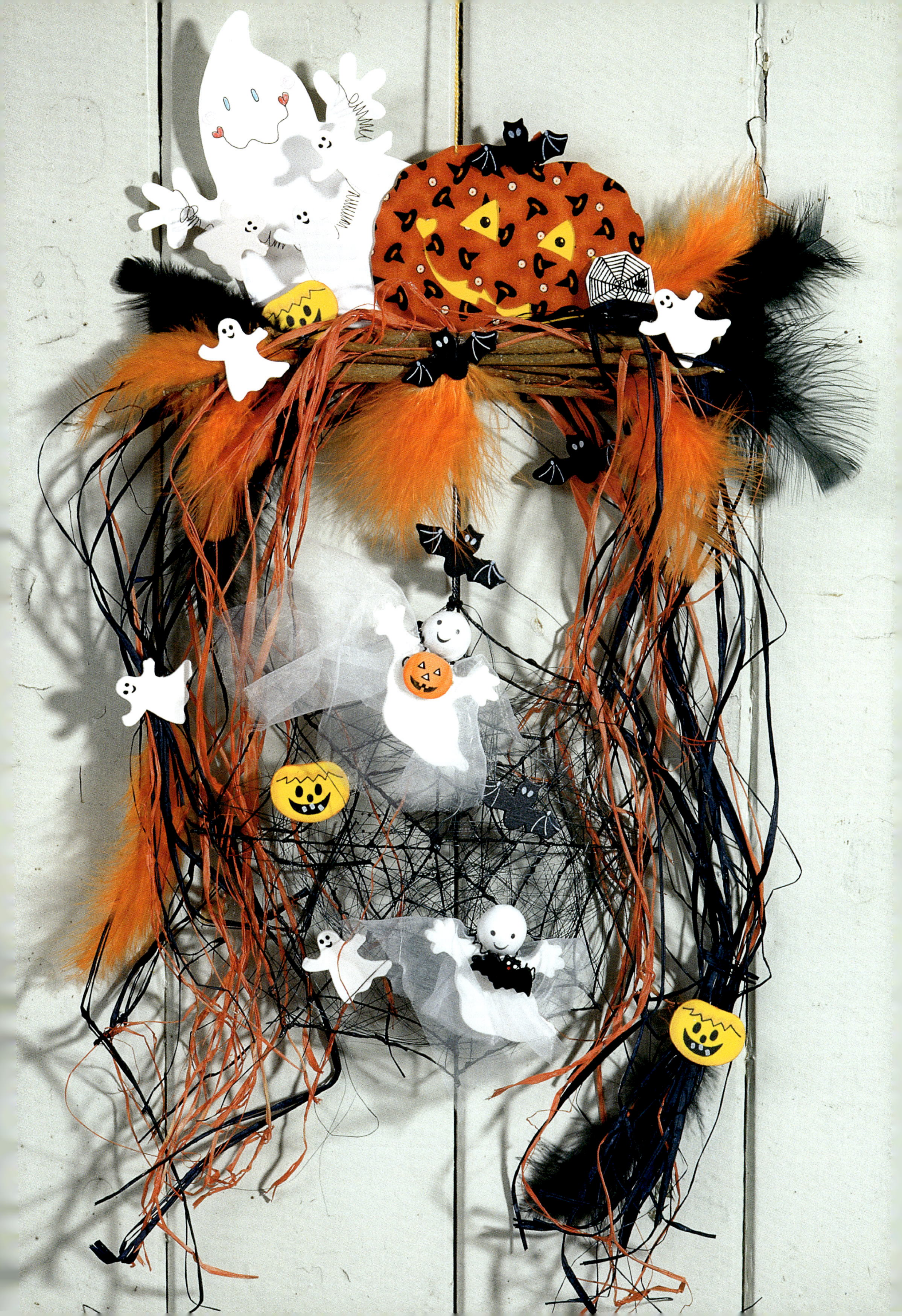

Herbstlaub-Elfe

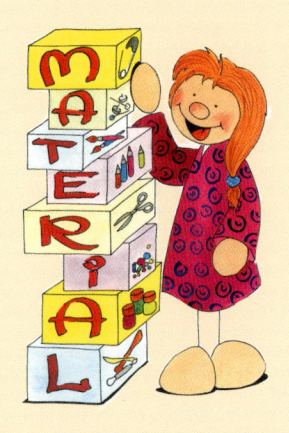

Material
Tonkarton: haut, gelb, orange, rot, grün, braun
Stoff
Bindedraht
rosa Buntstift
Fineliner: rot, schwarz, gold

Alle Motivteile laut Vorlagenbogen aus Tonkarton ausschneiden. Den zweiteiligen Elfenbogen zusammenfügen. Das Kleid wie auf Seite 5 beschrieben mit dem Stoff bekleben. Nun das Gesicht der Elfe aufmalen. Den Kopf, einen Arm, das große Haarteil und die Flügel von hinten am Kleid fixieren. Den zweiten Arm und das kleine Haarteil vorne auf das Motiv kleben. Mit dem goldenen Stift Locken im Haar andeuten. Als nächstes die Blätter ausschneiden und zum Runden über ein Lineal ziehen. Ein langes Stück Bindedraht um einen Stift wickeln und die so geschaffene Spirale anschließend leicht auseinander ziehen. Ca. 7 Blätter an der Drahtspirale befestigen. Schließlich die Elfe und die restlichen Blätter auf dem Elfenbogen arrangieren und mit Heißkleber befestigen. Zuletzt die vorbereitete Blättergirlande unter den Bogen hängen.

Wie schön der Herbst sein kann.

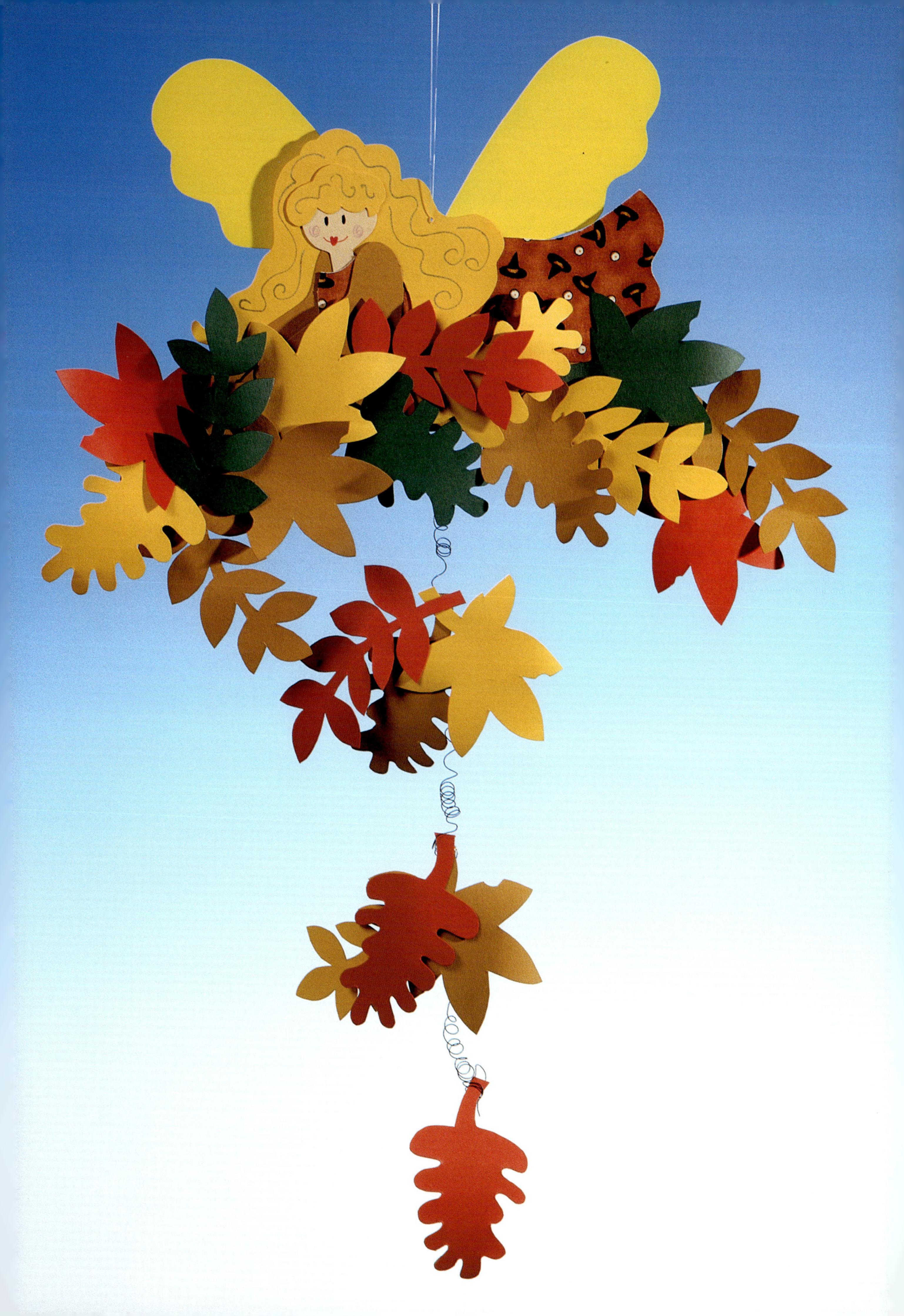

Tolle Schneemänner

Fenster-Schneemannfamilie

Material
Window Color: weiß, orange, rot, blau, grün, kristallklar, glittergold; schwarze Konturenfarbe, Malunterlage, dünne Malspitze (0,3 mm), Zahnstocher, Nadel

Die Konturen des Motivs, die Gesichter und die Knöpfe auf den Schneemannbäuchen mit der schwarzen Konturenfarbe nachziehen. Mit der weißen Farbe die Schneeflocken malen. Die Konturenfarbe und die weiße Farbe trocknen lassen und das gesamte Bild mit den entsprechenden Farben ausfüllen. Zuletzt das Bild mit Kristallklar ummanteln.

Schneemannduo

Material
weißer Tonkarton, Variokarton: Schnee, Stoffreste, weiße Pompons (Ø 18 mm), Bindedraht, Sticknadel, Lochzange, Buntstift: orange, rosa; Fineliner: rot, schwarz

Alle Herzen beidseitig wie auf Seite 5 beschrieben mit den Stoffresten bekleben. Bis auf vier Herzen alle mit der kleinsten Einstellung der Lochzange lochen. Das Schneemannduo bemalen. Die Arme etwas biegen und mit einem Herz zusammen an den Schneemannkörpern befestigen. Den Rahmen aus Variokarton zweimal, davon einmal gegengleich, ausschneiden. Nun das Schneemannduo dazwischen positionieren und zusammenkleben. Am oberen Rand des Rahmens drei der Herzen festkleben. Zwei Bindedraht-Girlanden laut Anleitung von Seite 5 herstellen. Eine Girlande nur mit Pompons und die andere mit Pompons und Herzen schmücken. Zum Auffädeln der Pompons und Herzen eine Sticknadel verwenden. Zuletzt die Girlanden um und unter dem Fensterbild dekorieren.

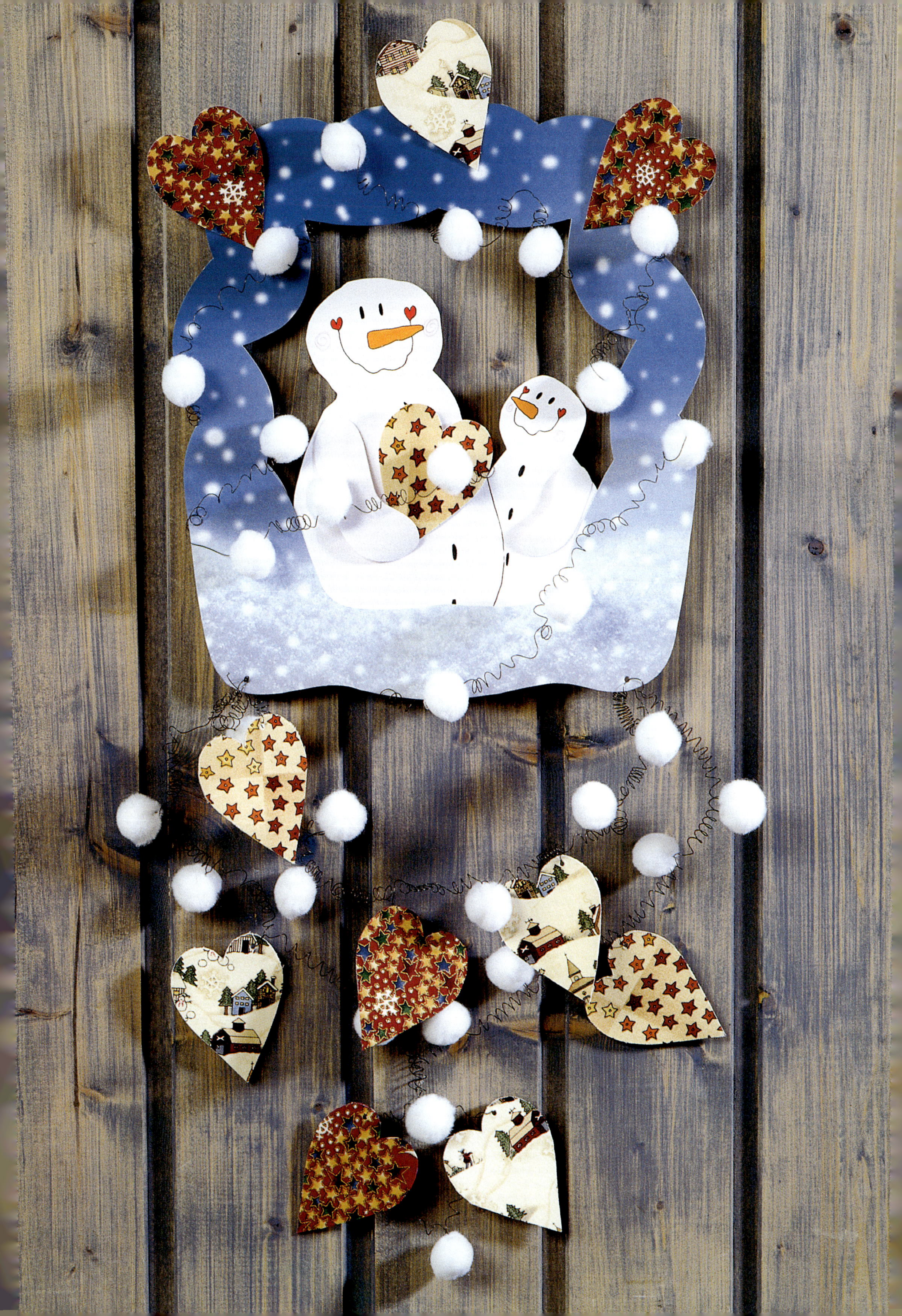

Eiskristall-Elfe

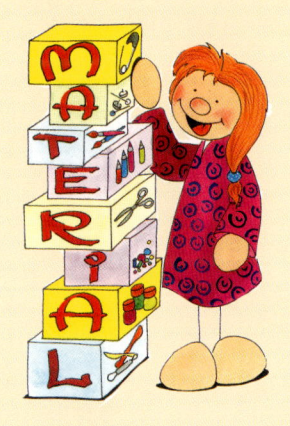

Material
Tonkarton: weiß, gelb, haut, braun
Variokarton: Schnee
Stoffrest
Bindedraht
rosa Buntstift
Fineliner: rot, schwarz, gold

Alle Teile des Motivs in der benötigten Anzahl zuschneiden und zuerst den Rock einseitig mit Stoff bekleben. Die Grundanleitung für das Bekleben von Tonkarton mit Stoff befindet sich auf Seite 5. Den zweiteiligen Elfenbogen zusammenkleben. Nun den Elfenkopf mit einem hübschen Gesicht bemalen und zusammen mit der Mütze, dem Arm-, dem Hals- und dem Rockbesatz vorne auf dem Oberteil fixieren. Die Haare, die Hände, die Flügel und den Rock hinter dem Oberteil befestigen. Mit dem Goldstift einige Locken in das Haar malen. Fünf Stücke Bindedraht einzeln um einen Stift wickeln. Die Eiskristalle in der Handfläche formen und auf dem Bogen arrangieren. Mittig auf alle Drähte je einen Eiskristall fixieren und die Elfe mit den Drähten unter den Bogen hängen. Zum Aufhängen ein Stück Perlgarn anknoten.

Diese Elfen zaubern Winterstimmung in jedes Zimmer.

Engelstecker (Abb. siehe S. 46)

Material
Tonkarton: weiß, gelb, orange, haut, rot
Stoffreste
Bindedraht
Holzstreuteile Herzen und goldene Sterne
je 1 Holzstab, Ø 3 mm
Fineliner: rot, rosa, schwarz

Die beiden Teile des Kleides, die mit Stoff beklebt werden, aus weißem Tonkarton ausschneiden. Beide Teile nach der Anleitung von Seite 5 einseitig mit dem Stoff bekleben. Die Flügel über ein Lineal ziehen und formen. Den Bindedraht um einen Stift wickeln und entweder drei Sternchen oder drei Herzen an der so gebildeten Drahtspirale befestigen.

Den Engelkopf mit einem netten Gesicht bemalen und vorne auf das Kleid kleben. Die mit Stoff beklebten Motivteile beidseitig auf dem Kleid fixieren. Hinter dem Kopf die Haare und auf der Rückseite des Kleides die Flügel und den Holzstab befestigen. An der Stirn des Engels das kleine Haarteil und an den Ärmeln die Hände anbringen. Den Engeln die verzierten Drähte in die Hände geben. Abschließend den Engeln zur Verzierung einen Stern ins Haar und an das Kleid kleben.

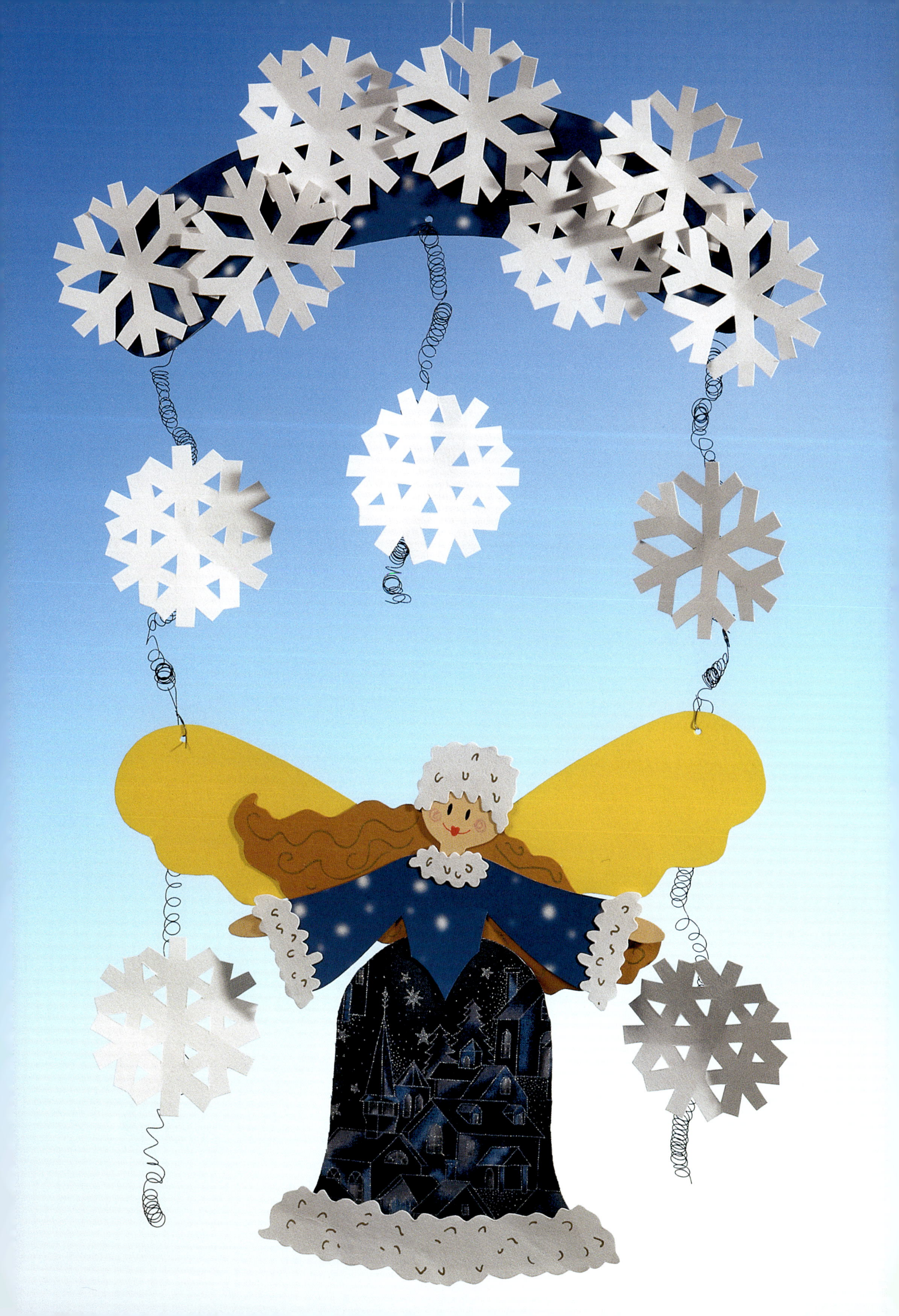

Engelreigen

Kranz

Material
Tonkarton: weiß, gelb, haut, rot, braun
„Happy Papers": blau mit Sternen
Stoffreste
Holzstreuteile: goldene Sterne
Bindedraht
gelbe Grasfaser
Fineliner: rot, rosa, schwarz

Alle Motivteile in der auf dem Vorlagenbogen angegebenen Anzahl ausschneiden. Die Körper als Erstes mit dem Stoff bekleben. Eine ausführliche Anleitung für das Arbeiten mit Stoff befindet sich auf Seite 5. Die Engelflügel zum Formen über ein Lineal ziehen. Auf die Engelkörper die Flügel, darauf das große Haarteil, dann das bemalte Gesicht und abschließend das kleine Haarteil kleben. Die Hände von unten an den Ärmeln fixieren. Etwas Grasfaser mittig knoten und unter dem Haarteil ankleben.

Nun die fertigen Engel auf dem Kartonring befestigen und einige Sternchen hinzufügen. Zwei Stücke Bindedraht um einen Stift wickeln und darauf einmal zwei und einmal drei Sterne kleben. Unten in den Kartonring mit der Lochzange zwei Löcher stanzen und die Drähte mit den Sternen daran befestigen.

Zum Schluss oben durch einen Engel ein Loch stanzen und ein Stück Perlgarn in passender Farbe zum Aufhängen durchziehen und verknoten.

Engelstecker

(Material & Anleitung siehe S. 44)

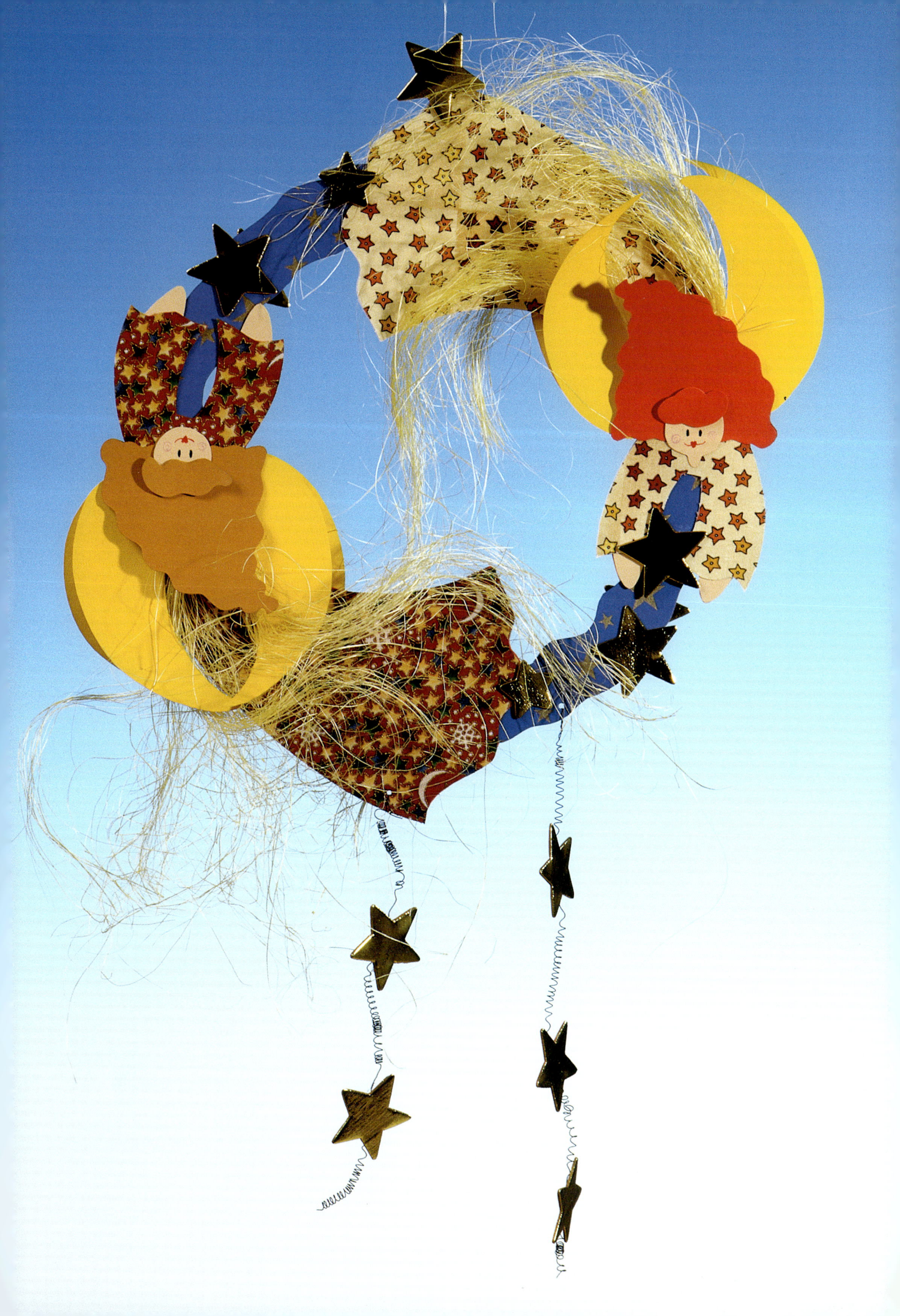

Frohes Fest

Material
Tonkarton: weiß, rot, grün; Stoffreste, Kleiderbügel, grünes Krepp-Papier, Tannengirlande, Bindedraht, je 1 Pompon rot (Ø 7 mm und 18 mm), rote Holzperlen in verschiedenen Größen, schwarzer Fineliner, Prickelnadel oder Prägestift

Die Mütze, das Armteil und den Mantel einseitig und sechs der Herzen beidseitig mit dem Stoff bekleben. Die Tannenzweige rundherum einschneiden, um Tannennadeln anzudeuten. Das Tannengrün und die Blätter mit einer Prickelnadel oder einem Prägestift an den Blattadern prägen. Die Blätter lassen sich so leicht in Form biegen. Den Kleiderbügel mit zwei 2 cm breiten Krepp-Papier-Streifen umwickeln und die Enden auf der Rückseite mit Klebstoff fixieren. Den so vorbereiteten Bügel mit Blättern und Holzperlen dekorieren. Um den Haken des Bügels etwas Tannengirlande wickeln.

Beim Weihnachtsmann auf die Mütze den Kopf, den Fellbesatz und den Bart kleben. Als Nächstes die Augen aufmalen. Den roten Pompon als Nase und den weißen als Bommel ankleben. Schließlich den Fellbesatz und einen Tannenzweig an die Ärmel kleben. Die Ärmel zusammen mit dem Kopf und dem unteren Besatz auf dem Mantel befestigen. Nun auf einen Bindedraht Perlen fädeln und laut der Anleitung von Seite 5 eine Girlande herstellen. Den Weihnachtsmann damit unter den Bügel hängen. Die übrigen Herzen wie auf der Abbildung zusammenkleben und mit aufgewickelten Drahtenden untereinander an den Bügel hängen.